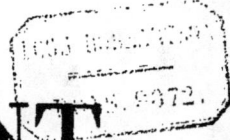

SUPPLÉMENT

A L'OUVRAGE

DE Mr. J. J. AYMÉ,

Contre les Agens du Directoire à Cayenne.

RÉPONSE

A M^r. J. J. AYMÉ,

L'UN DES DÉPORTÉS REVENUS DE LA GUIANE.

Par B U R N E L , citoyen français , ex-
Représentant du Gouvernement aux
Colonies orientales et dans la Guiane.

Calomniez toujours ; il reste au moins la cicatrice.

A PARIS,

Chez { DEBRAY, libraire au palais Egalité, galerie
de bois.
COLNET, libraire, rue du Bacq, près le pont
des Thuileries.

AN 8.

RÉPONSE

A M.ʳ J. J. AYMÉ,

L'UN DES DÉPORTÉS REVENUS DE LA GUIANE.

Par Burnel, citoyen français , ex-Représentant du Gouvernement aux Colonies orientales et dans la Guiane.

J'ai pris connaissance de ce qui me concerne personnellement dans le volume récemment publié, sous le titre de *Déportation et naufrage de J. J. Aymé, ex-législateur.* Malgré la loi que je me suis faite, d'attendre en silence, les effets de la justice du gouvernement, je crois qu'il est de mon devoir de répondre aux calomnies contenues dans cet écrit. Je vais le faire le plus clairement, le plus laconiquement possible.

Au feuillet 192 de l'ouvrage de M.ʳ *J. J. Aymé,* commencent les pages flatteuses qu'il a bien voulu me consacrer.

« Le moment où l'on est calomnié est le » seul où l'on puisse dire du bien de soi ».

C'est ainsi que je commençais, en 1796, une courte réponse aux calomnies nombreuses, dont on m'abreuvait, à mon retour de l'Ile de France, comme agent du gouvernement. J'apprenais, dans cet écrit, à mes calomniateurs et, aujourd'hui, j'apprends à leur honnête successeur que, parti d'Europe en 1790, je n'y suis revenu qu'en 1795; que, par conséquent, j'étais totalement étranger à tout ce qui s'est passé en France dans cet intervalle.

Qu'arrivé, en 1790, à l'Ile de France, j'y tins pendant dix-huit mois un journal dans lequel je défiais de trouver une seule ligne que pût désavouer un honnête homme.

Qu'au bout de dix-huit mois, je pris en quittant la rédaction de mon journal, la carrière du barreau ; que les succès nombreux et brillans que j'y obtins, joints à quelques heureuses spéculations de commerce, portèrent bientôt ma fortune au-delà de mes vœux et de mes espérances.

Qu'en 1794, je partis, emportant avec moi l'estime et l'amitié de tous les honnêtes gens, dont les plus distingués, qui étaient alors mes collégues, (j'étais membre du directoire d'après la constitution de 1791) consignèrent leurs regrets dans un procès-verbal, dont ils eurent l'honnêté de m'envoyer un extrait avant mon départ. Il fut alors démontré par cet écrit que, loin d'avoir été, à l'Ile de France, *un aventurier que les colons en avaient chassé*, j'y avais exercé, d'une manière distinguée, une profession honorable, et que j'en étais sorti avec une fortune due (j'ose le dire) au talent et au travail.

Passons maintenant à Cayenne ; c'est-là que commencent mes crimes envers M*r*. *J. J. Aymé* et les autres déportés.

Je ne toucherai point au portrait que fait de mon père, l'ex-législateur *rapporté*. C'est un morceau d'éloquence qu'il faut laisser subsister intact ; c'est un modèle pour les *Aymé* futurs. Ils y apprendront que, quand on s'en mêle, il faut calomnier jusqu'à la vieillesse, ridiculiser la piété filiale, et qu'en ce beau genre, on ne pêche que par modération. En 1796 , je fus accusé d'avoir tué mon père ; aujourd'hui qu'il se porte bien, on me le fait, par hasard, rencontrer dans un café, au moment de mon départ pour Cayenne.... quelle fécondité ! quelles ressources ! ô calomnie, divinité des sots et des méchans, que tu inspires bien tes adorateurs !

Le premier déporté, dont parle le tout aimable M*r*. *J. J. Aimé* , est M*r*. *Perlet*. Ses

lettres, qui termineront cet écrit, répondront
mieux, que je ne pourrais le faire moi-même,
à la diatribe virulente de l'ex-législateur, et fe-
ront apprécier le propos attroce qu'il me prête.

Le prêtre *Parisot* vient ensuite. M^r. *Aymé*
s'exerce d'une manière fort agréable, en créant
un dialogue charmant entre ma femme et moi. Je
n'ai rien à répondre à toutes ces gentillesses. Dans
les mêmes circonstances je ferais encore ce que
j'ai fait. Les seules relations que j'aie eues avec
M^r.*Parisot*,furent celles qu'établirent entre nous
les bienfaits dont je le comblai. Je le fis habiller
complètement à mes frais, et lui prêtai tout l'ar-
gent dont il eut besoin dans différentes occasions.
Je lui accordai une permission indéfinie d'aller
où bon lui semblerait. Si M^r. *Parisot* vivait
encore, il attendrait, peut-être aussi, le produit
de quelque libelle diffamatoire pour me payer
et me remercier. Quelque tems après, l'administration centrale du département, par l'or-
gane de son commissaire (elle ne paraîtra pas
suspecte à M^r. *Aymé ;* elle était alors com-
posée des signataires du mémoire dont il parle
dans son savant écrit) me le dénonça avec
d'autres déportés, comme un homme dange-
reux, *tendant, ainsi que* CES ENNEMIS ÉTER-
NELS DE LA RÉPUBLIQUE, *à troubler l'ordre*

et la tranquillité publique. Tels sont les termes de la dénonciation, datée du 10 germinal, an 7. Je fis venir M^r. *Parisot* et la lui montrai ; il se retira stupéfait et m'écrivit bientôt en ces termes : *O vous, dont la belle ame appartient à tous les partis ; vous qui connaissez si bien la vraie vertu ; au nom de Dieu, oubliez un moment d'ivresse. Mais, comme après la dénonciation officielle qui vous a été faite, vous devez un exemple, permettez que j'aille à Sinnamary, j'aurai l'air d'y avoir été envoyé par punition ; mais, je vous en supplie, permettez que je revienne de suite sur l'habitation où je suis établi ; je périrais certainement si j'habitais un autre canton,* etc., etc.

M^r. *Parisot* alla donc à Sinnamary, y resta deux jours et revint sur son habitation ; depuis lors, je n'en ai entendu parler qu'après son évasion. Voilà l'explication *du caprice* que me reproche l'ex-législateur.

Un autre prêtre me fut également dénoncé, (M^r. Brumaut Beauregard) ; je lui fis dire par un aide-de-camp, que c'était mal répondre à la bienveillance que je ne cessais de lui témoigner ; il n'entra dans aucune justification et se borna à m'écrire en ces termes : *Vous avez*

*bien voulu m'accorder la grace de résider
à Cayenne ; je dois la santé et même la vie
à votre humanité,* ètc., etc. *Ma reconnaissance est bien vive. Pardonnez moi de me
hasarder à vous la témoigner, en vous pro-
testant que ma conduite répondra à l'indul-
gence avec laquelle vous m'avez traité.*

Je voudrais, m'écrivait un autre déporté,
également dénoncé par l'administration dépar-
tementale, *qu'il me fût permis de graver sur
les piliers du gouvernement : « Charles Pro-
don St. Jouslin, ancien capitaine d'infan-
terie et puis prêtre, doit la vie à l'humanité
de l'agent du gouvernement en cette colonie,
et il lui en fait hommage ».*

Ma réponse serait plus volumineuse que
l'écrit que je réfute en ce qui me concerne,
si j'imprimais ici toutes les lettres de ce genre
que j'ai reçues et méritées, tant des déportés
que des habitans.

Gibert-Desmoliere, dont *je devais me souvenir,* dit M^r. *Aymé,* mourut quelques mois
après mon arrivée à Cayenne. J'appris son séjour dans la Guiane avec la nouvelle de sa
maladie.

Je viens à MM^{rs}. *Laffond-Ladebat* et *Barbé-
Marbois.* Je n'entrerai dans aucun détail sur

l'anecdote du transport à Cayenne et du retour à Sinnamary de ces messieurs; je ne dois
compte qu'au gouvernement des motifs qui me
déterminèrent. J'étais mourant alors et l'on
abusa étrangement de ma position pour pré-
cipiter leur départ, contre lequel cependant
il n'y eut aucune espèce de réclamation; je
ne l'appris que long – tems après. Je dois
dire que, malgré la défense qui m'était faite
de laisser résider au chef – lieu, et même
dans le canton de Cayenne (*), aucun déporté,
ces deux messieurs y ont, pendant environ la
moitié du tems que je suis resté en fonctions,
séjourné libres comme l'air. Je dois rappeler
que l'arrêté que je pris, pour leur premier
séjour à l'hôpital, porte : *Qu'ils y seront logés
dans un pavillon séparé, traités avec les
égards dûs au malheur, et que l'officier de
service me rendra, tous les jours, un compte
exact de leur situation, de leurs demandes*

(*) Cette défense, répétée expressément dans
plusieurs lettres ministérielles était inspirée au *directoire* trompé, par M*r*. *Lescallier*, alors chef du
bureau des colonies. C'est aussi lui qui, connaissant
très bien les lieux, avait (comme je l'ai su depuis.)
fait choisir *Conanama*, dont, à mon arrivée, je tirai
les déportés; opération déjà ordonnée et commencée
par mon prédécesseur.

et de leurs réclamations. M^r. *Aymé* est dans l'erreur, lorsqu'il dit que la formule de sous-cription, où le mot de *respect* est omis, fut la cause de leur retour à Sinnamary, la preuve en est claire : les pétitions postérieures de ces messieurs n'ont jamais varié à cet égard, et ils ont obtenu tout ce qu'ils ont demandé. Il y a plus : les pétitions de M^r. *Barbé-Marbois*, sont terminées par les mots de *salut et fra-ternité.* Tous les jours on donne du *respect* à l'homme en place que l'on hait, mais on n'est jamais forcé de *fraterniser.*

Ce qui précède suffit, ce me semble, pour démontrer à tout homme honnête et impar-tial, que M^r. *J. J. Aymé* a un peu abusé du droit généralement reconnu, qu'ont tous les voyageurs *qui viennent de loin.* Il est, je l'avoue, permis à un déporté, à un naufragé, d'être ulcéré et de crier envers et contre tous. *Jonas* sortit de fort mauvaise humeur du ventre de la baleine. Mais est-il permis à un homme de bon sens, d'oublier tellement ce qu'il a pensé, dit, écrit et signé, qu'au bout de quelques jours, il vienne penser, dire, écrire et signer le contraire ? On perd peut-être la mémoire en fréquentant les émigrés qui se trouvent chez nos ennemis. Rendons la à Mʳ. *J. J. Aymé*. Quel chef-d'œuvre n'enfantera-t-il point l'ayant recouvrée ? Il dit déjà si bien l'ayant perdue !

Les amateurs de nouveautés qui ont eu le bonheur de se procurer l'ouvrage de Mʳ. *J. J. Aymé*, se rappelleront avec plaisir qu'il a parlé d'une lettre qu'il écrivit à ses amis, avant sa mise à la voile : lettre qu'il *tourna*, dit-il, de manière à être ostensible, et qui ne devait être remise qu'après son départ. Je ne sais à quelle époque Mʳ. *Dubois* reçut celle qu'il me fit parvenir 15 jours après l'évasion du fameux conteur ; j'ignore même pourquoi il me l'envoya. Voici, de cette lettre, du 29 vendémiaire, l'extrait littéral qui me regarde. Après avoir parlé de tous ses préparatifs de voyage, l'auteur s'exprime ainsi :

« *Au surplus, je dois à la justice de déclarer que ma démarche n'est point déterminée par aucun mauvais traitement que j'aie reçu du citoyen agent : il m'a accordé toutes les autorisations que je lui ai demandé. Dans deux entretiens que j'ai eu avec lui, il m'a montré beaucoup d'humanité, et il a tempéré le dernier ordre qu'il m'a donné, au-delà de mon espérance. Mais je considère*, etc. etc. »   *Signé* Aymé.

Lorsque je me comportais ainsi avec Mr. *Aymé*, il m'était dénoncé comme un *boute-feu.* Aussi le doux auteur dit-il *qu'il a toujours soupçonné quelque faux rapport.* Quelle candeur et quelle sagacité !

Je laisse mes lecteurs à leurs réflexions ; je ne m'en permettrai aucunes. Je ne connais personne, m'écrivait dernièrement un membre du sénat conservateur, auquel j'avais communiqué, avec beaucoup d'autres, les pièces originales que je relate en cet écrit, qui ait été plus cruellement et plus injustement calomnié que vous. J'espère que tous les bons esprits partageront cette opinion : c'est le seul but que je me propose.

Nota. Il est un déporté dont personne n'a parlé, et qui ne fera jamais parler de lui. Son nom seul fera jeter les hauts cris, je m'y attends ; mais je dois recommander à la bienveillance du gouvernement, cet homme dont la conduite philosophique, et vraiment digne, contraste d'une manière si éminente avec celle de tous les ennemis de la république. Je parle de *Billaud-Varennes.* Laissant la postérité juge des événemens produits par le torrent révolutionnaire, je n'ai vu en lui qu'un homme malheureux.

Lettres de Mr. *Perlet* au C. *Burnel*, Représentant du Gouvernement dans la Guiane.

Cayenne, 8 floréal, an 7 de
la République.

Citoyen agent,

JE prends la liberté de venir auprès de vous, pour vous remercier des bontés que vous avez bien voulu avoir pour moi. Grace à vous, citoyen agent, ma jambe est hors de tout danger et presqu'entièrement rétablie ; elle le sera sûrement à l'époque où expirera la dernière prolongation que vous avez daigné m'accorder, et comme je puis marcher, je viens vous prier, etc. etc.

Croyez que je conserverai éternellement le souvenir de toutes vos bontés, et que je saisirai la première occasion qui se présentera pour vous en témoigner ma reconnaissance.

Salut et respect,

Signé PERLET.

Cayenne, 8 prairial, an 7.

Citoyen agent,

PERMETTEZ que j'aie l'honneur de vous présenter mes très humbles remercîmens, pour toutes les bontés que vous avez daigné avoir pour moi dans une circonstance aussi malheureuse que celle où j'étais. Grace à vous, citoyen agent, je suis tout-à-fait hors de danger ; mais je crois ma parfaite guérison impossible dans un pays où le climat est si contraire à mon tempérament.

J'ai pris la liberté de m'informer tous les jours de votre santé ; j'ai desiré et desire de tout mon cœur qu'elle puisse se rétablir assez pour vous permettre de ne pas abandonner une colonie, qui a un si grand besoin de vos lumières, et sur-tout de votre zèle ardent, dans les circonstances critiques où elle se trouve ; et je ne crois pas, citoyen agent, qu'il soit possible de vous remplacer à cet égard. Je vous prie de m'excuser si mon zèle pour votre propre gloire m'a emporté peut-être trop loin.

J'ai le plus grand regret de n'avoir pas eu l'avantage de vous connaître plutôt, et j'ose me persuader que si j'avais le bonheur d'être particulièrement connu de vous, citoyen agent, vous me rendriez la justice de croire que je suis déplacé ici.

Je fais des souhaits bien sincères pour le rétablissement de votre santé et la prospérité de la république.

Daignez agréer mes respects,

Signé PERLET.

———————

Ce 2 brumaire, an 8.

Citoyen agent,

JE profite d'une occasion pour quitter la colonie et me soustraire à une déportation si peu méritée et si cruelle ; je n'existe que grace à votre humanité envers moi : beaucoup d'autres ont échappé à une mort certaine, et vous doivent leur existence. J'aime à vous rendre justice, citoyen agent, et j'espère vous la rendre publiquement, d'une manière aussi satisfaisante pour vous qu'il me sera possible. Je brise mes chaînes ; mais pour aller dans un pays ami et allié de la France, et pour prendre les mesures les plus promptes pour

aller à Paris, me présenter à mes juges, avec
une conscience nette et qui n'a jamais rien eu
à se reprocher. Vous ne pouvez, citoyen
agent, me blâmer. Vous avez le bonheur d'être
époux et père ; vous avez le cœur bon, et vous
l'avez prouvé. J'ai eu le malheur de perdre
une épouse chérie, il y a deux ans et demi,
il me reste des enfans en très bas-âge : il y a
un an que je n'ai eu aucune nouvelle de ma
malheureuse famille. Pouvez-vous me trouver
criminel, en cherchant à me soustraire d'un
pays mortel pour nous, pour aller rejoindre
mes enfans et me conserver encore pour ma
patrie ? Non, citoyen agent, comme père de
famille vous m'approuverez : mon cœur me
le dit si fortement, que, plus de vingt fois,
j'ai pensé réclamer vos bontés pour accélérer
mon retour ; il me semblait que vous auriez
eu la force de prendre sur vous de me faire
partir. Cette idée reste dans moi ; je ne puis
me persuader le contraire.

Je chercherai, je saisirai avec empressement
les occasions de vous être utile ; j'empêcherai
autant qu'il me sera possible, *qu'il ne se ré-*
pande des calomnies sur votre compte , au
moins je les combattrai, et j'aurai peut-être le
plaisir de vous être utile à mon tour. Comme

rien ne m'engage, dans ce moment, à vous
voiler ma pensée, comptez sur moi dans toutes
les occasions où je pourrai vous être utile.

Salut et respect,

Signé PERLET.

(*) M². *J. J. Aymé* était dans le même cas, en
écrivant l'extrait précité de la lettre où il prône
l'humanité de l'agent qu'il déchire aujourd'hui.

DE L'IMPRIMERIE DE LARAN.

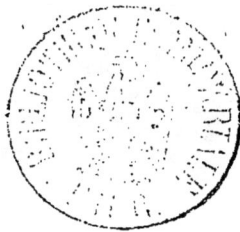

www.ingramcontent.com/pod-product-compliance
Lightning Source LLC
Chambersburg PA
CBHW060713280326
41933CB00012B/2420